Cuento para leer a oscuras

LOS UNICORNIOS

Sin Marina, Gisela y Lola
no habría sido posible. Os quiero.

Ignasi Valios i Buñuel

ANAYA

¡CORRED, CORRED, DUENDES Y HADAS!

¡YA SALEN DEL HUEVO! ¡MIRAD QUÉ MONADAS!

A VIOLETA LE GUSTA PINTAR.

¡TODOS LOS COLORES QUIERE USAR!

RELÁMPAGO
CORRE Y TROTA.

SIEMPRE VA DETRÁS DE LA PELOTA.

CORAL VIVE EN EL MAR,
Y CON LAS SIRENAS
SUELE JUGAR.

A DULCE LE ENCANTAN LAS MANZANAS.

¡TAN RICAS Y TAN SANAS!

PIRULETA PREFIERE...

MONTAR EN BICICLETA.

A NUBE LE GUSTA VOLAR

Y CON EL VIENTO BAILAR.

BLANQUITA ESCUCHARÍA...

MÚSICA TODO EL DÍA.

A BRUNA LE GUSTA SU CAMA.

¡YA JUGARÁ MÁS MAÑANA!

Fotografía de cubierta: iStock/Getty Images (Chorna Olena)

Valentín Beato, 21. 28037 Madrid
www.anayainfantilyjuvenil.com

Primera edición: octubre 2024
Depósito legal: M-7364-2024
ISBN: 978-84-143-4056-1
Printed in China

PAPEL DE FIBRA CERTIFICADA